GEORGES BIZET

'Au fond du temple saint'

(Les pêcheurs de perles)

Tenor, Baritone and Piano

Edited by / Herausgegeben von
Roger Nichols

Complete with translation and guidance on pronunciation
Mit Übersetzung und Hinweis zur Aussprache

EDITION PETERS

LONDON · FRANKFURT/M. · LEIPZIG · NEW YORK

CONTENTS

Cover picture: Claude Monet (1840–1926), *Boats Leaving the Harbour at Le Havre*
(Hill-Stead Museum, Farmington CT)

PREFACE

Georges Bizet (1838–1875) studied with Fromental Halévy at the Paris Conservatoire from 1847 to 1857, in which year he won the Prix de Rome with his cantata *Clovis et Clotilde*. After spending nearly three years in Rome, he returned to Paris in 1860. By this time he had considered as many as ten operatic projects of which one, *La maison du docteur* (*c*.1855), survives in vocal score, and two, *Le docteur miracle* (1856) and *Don Procopio* (1858–9), survive complete in orchestral score. In 1862 he began an *opéra-comique* called *La Guzla de l'Émir*, and this was put into rehearsal at the Opéra-Comique early in the following year. But in April Bizet withdrew it. The reason was that 'the retiring Minister of Fine Arts, Count Walewski, had just given the Théâtre-Lyrique a subvention of 100,000 francs on condition that the management produce every year a three-act opera by a young winner of the Prix de Rome. Bizet was the first to benefit under this scheme.'[1] He completed the three-act score of *Les pêcheurs de perles* in only four months, in all probability incorporating some music from *La Guzla de l'Émir*, and it was given its première at the Théâtre-Lyrique on 30 September 1863.

The librettists, Eugène Cormon and Michel Carré, were following the current French fashion for operas on exotic subjects (for example, Félicien David's *La perle du Brésil*, 1851; Halévy's *Jaguarita l'Indienne*, 1855; Ymbert's *Les deux cadis*, 1861; Gounod's *La reine de Saba* and David's *Lalla Roukh*, 1862). The action takes place in Ceylon at an unspecified date. In Act I, set on a wild beach of the island, the pearlfishers choose Zurga as their new chieftain. His old friend Nadir the hunter appears after a long absence and, in this duet, the two men recall their last journey together, to the Brahmin temple in Kandi where they had both fallen in love with the beautiful priestess Léïla, and how they had sworn never to seek her hand in case their oath of friendship should be endangered.

The opera received a mixed press, although Berlioz, in his last notice as a reviewer, was more enthusiastic than most. One of the problems was Bizet's youth, which caused considerable resentment, especially among those older opera composers who had still not managed to break through into the 'magic circle' of performance. Another was that the work, coming as it did 'at a decisive moment... in the history of French opera, which was then split between attachment to tradition and the need for renewal',[2] was felt to straddle the accepted operatic categories, being too long, too harmonically complex and, some said, too noisy for an *opéra-comique*, but somehow not quite serious enough to qualify as an example of *grand opéra*. As a result, the production was regarded as 'exceptional, sensational, sudden, upsetting' and 'provoked an outpouring of critical reactions, as it were a swarm of comments.'[3] The work was taken off after 18 performances and was never revived in Bizet's lifetime.

In the 1880s revivals in the French provinces eventually led to two in Paris: at the Théâtre de la Gaîté (in Italian) in 1889 and at the Opéra-Comique (in French) in 1893. By this time the publisher Choudens had begun making changes to Bizet's score. Among them, 'the wonderful Act I tenor–baritone duet lost its triple-metre closing allegro for a dramatically nonsensical return to the more attractive opening andante (some audiences are still loathe to give up this posthumous version).'[4] The present edition prints both Bizet's own 1863 version of the duet and the later version of 1887–8, made by his publisher Choudens after the composer's death and based on no known autograph material. The decision to print this later version before Bizet's original has been taken purely for practical considerations of page-turning and does not imply an editorial preference. Singers wishing to sing the original version need merely to paper-clip together pp. 11–15 inclusive. While familiarity and the influence of available recordings will no doubt dispose some to choose the later version, it is worth noting a contemporary review of the original: 'there followed a duet for baritone and tenor which contains the finest inspiration in the opera, a kind of prayer, very nearly the work of a master, which was greeted with unanimous applause.'[5]

Pronunciation

The following signs are used:

fleurs‿et	liaison	[flœːrze]
vient | en	no liaison	[vjɛ̃ ɑ̃]
hélas	consonant (s) sounded	[elɑːs]

Acknowledgement

I am grateful to Peter Ward Jones, Music Librarian of the Bodleian Library, Oxford, and to Lesley Wright for their help in the preparation of this edition.

Roger Nichols

[1] Winton Dean, *Bizet* (London, 1948: reprinted 1978), pp. 47–8

[2] Hervé Lacombe, *Les voies de l'opéra français au XIXe siècle* (Paris, 1997), p. 10

[3] Georges Duby, in Georges Duby and Guy Lardreau, *Dialogues* (Paris, 1980), p. 63

[4] Lesley A. Wright, article on *Les pêcheurs de perles*, *The Viking Opera Guide* (London, 1993), p. 115

[5] Gustave Bertrand, 'Les pêcheurs de perles', *Le ménestrel*, 4 October 1863

PRÉFACE

Georges Bizet (1838–1875) étudia avec Fromental Halévy au Conservatoire de Paris de 1847 à 1857, année où il remporta le Prix de Rome avec sa cantate *Clovis et Clotilde*. Après avoir passé près de trois ans à Rome, il revint à Paris en 1860. À cette époque, il avait déjà envisagé jusqu'à dix projets d'opéra, dont un, *La maison du docteur* (*c*. 1855), subsiste en partition chant et piano, et deux, *Le docteur Miracle* (1856) et *Don Procopio* (1858–1859), en partition d'orchestre complète. En 1862, il commença un opéra-comique intitulé *La Guzla de l'Émir*, qui fut mis en répétition à l'Opéra-Comique au début de l'année suivante. Mais en avril Bizet le retira, pour la raison suivante : « Le ministre des Beaux-Arts, le comte Walewski, qui prenait sa retraite, venait d'accorder au Théâtre-Lyrique une subvention de 100 000 francs à condition que la direction monte chaque année un opéra en trois actes d'un jeune lauréat du Prix de Rome. Bizet fut le premier à bénéficier de ce nouveau dispositif[1]. » Il acheva la partition en trois actes des *Pêcheurs de perles* en quatre mois seulement, y intégrant très probablement de la musique de *La Guzla de l'Émir*, et elle fut créée au Théâtre-Lyrique le 30 septembre 1863.

Les librettistes, Eugène Cormon et Michel Carré, suivirent la vogue française des opéras sur des sujets exotiques (par exemple, *La perle du Brésil* de Félicien David, 1851 ; *Jaguarita l'Indienne* de Halévy, 1855 ; *Les Deux Cadis* d'Ymbert, 1861 ; *La reine de Saba* de Gounod et *Lalla Roukh* de David, 1862). L'action se passe à Ceylan, à une date non spécifiée. À l'acte I, qui se déroule sur une plage sauvage de l'île, les pêcheurs de perles choisissent Zurga comme nouveau chef. Son vieil ami Nadir le chasseur apparaît après une longue absence et, dans ce duo, les deux hommes se rappellent leur dernier voyage ensemble, au temple brahmane de Kandi, où tous deux étaient tombés amoureux de la belle princesse Léïla et où ils avaient juré de ne jamais demander sa main au cas où leur serment d'amitié serait mis en péril.

L'opéra reçut un accueil mitigé de la presse, bien que Berlioz, dans son dernier article de critique, se soit montré plus enthousiaste que la plupart de ses confrères. L'un des problèmes était la jeunesse de Bizet, qui suscita bien des rancunes, en particulier de la part des compositeurs d'opéras plus âgés qui n'avaient pas encore réussi à entrer dans le « cercle magique » de la représentation. À quoi s'ajoutait le sentiment que l'œuvre, arrivant « à un moment décisif [...] de l'histoire de l'opéra français, alors divisé entre l'attachement à la tradition et le besoin d'un renouveau [2] », était à cheval sur les catégories lyriques : trop long, trop complexe, harmoniquement, et, selon certains, trop bruyant pour un opéra-comique, mais pas assez sérieux pour être considéré comme un bon exemple de grand opéra. Si bien que le spectacle « par ce qu'il a d'exceptionnel, de sensationnel, d'impromptu, de bouleversant, suscite une floraison de relations critiques, une sorte de pullulement de discours [3] ». L'œuvre, retirée de l'affiche après dix-huit représentations, ne fut jamais reprise du vivant de Bizet.

Dans les années 1880, les reprises en province finirent par déboucher sur deux reprises à Paris : au théâtre de la Gaîté (en italien) en 1889 et à l'Opéra-Comique (en français) en 1893. À cette époque, l'éditeur Choudens avait commencé à faire des changements dans la partition de Bizet. « Le merveilleux duo ténor-baryton de l'acte I perdit ainsi son allegro conclusif de mesure ternaire au profit d'un retour, dramatiquement absurde, de l'andante initial, plus séduisant (certains auditeurs rechignent encore à renoncer à cette version posthume) [4] ». La présente édition comporte à la fois la version de Bizet lui-même de 1863 et le duo de la version ultérieure de 1887-1888, réalisée par son éditeur Choudens après la mort du compositeur, mais qui n'est fondée sur aucun autographe connu. La décision d'imprimer cette version avant l'original de Bizet répond à des considérations purement pratiques de tournes et ne reflète pas une préférence éditoriale. Il suffit aux chanteurs qui souhaitent chanter la version originale de réunir par un trombone les pages 11 à 15 comprise. Si la familiarité et l'influence des enregistrements disponibles peuvent en inciter certains à préférer la version plus tardive, on notera cependant ce que disait un critique contemporain de la version originale : « Vint ensuite un duo de baryton et de ténor qui contient la plus belle inspiration de l'ouvrage, une sorte de prière d'un travail quasi magistral, qui a soulevé d'unanimes applaudissements [5]. »

Remerciement

Je remercie Peter Ward Jones, bibliothécaire musical de la Bodleian Library, Oxford, et Lesley Wright pour leur aide dans la préparation de cette édition.

Roger Nichols
Traduction : Dennis Collins

[1] Winton Dean, *Bizet* (Londres, 1948 : réédition 1978), pp. 47–48.

[2] Hervé Lacombe, *Les voies de l'opéra français au XIXᵉ siècle* (Paris, 1997), p. 10

[3] Georges Duby, dans Georges Duby et Guy Lardreau, *Dialogues* (Paris, 1980), p. 63.

[4] Lesley A. Wright, article sur *Les pêcheurs de perles*, *The Viking Opera Guide* (London, 1993), p. 115.

[5] Gustave Bertrand, « Les pêcheurs de perles », *Le ménestrel*, 4 octobre 1863.

VORWORT

Georges Bizet (1838–1875) studierte von 1847 bis 1857 bei Fromental Halévy am Pariser Conservatoire; im letzen Studienjahr gewann er mit seiner Kantate *Clovis et Clotilde* den Prix de Rome. Nachdem er fast drei Jahre in Rom verbracht hatte, kehrte er 1860 nach Paris zurück. Bis dahin hatte er insgesamt zehn Opernprojekte in Betracht gezogen, von denen eines, *La maison du docteur* (um 1855) als Gesangspartitur erhalten ist; von zwei weiteren, *Le docteur miracle* (1856) und *Don Procopio* (1858/59), gibt es noch vollständige Orchesterpartituren. Im Jahre 1862 begann er eine *opéra-comique* mit dem Titel *La Guzla de l'Emir*, für die zu Beginn des folgenden Jahres an der Opéra-Comique Proben angesetzt wurden. Doch im April zog Bizet die Oper zurück, und zwar aus folgendem Grund: „Der aus dem Amt scheidende Kultusminister Graf Walewski hatte soeben dem Théâtre-Lyrique eine Subvention von 100 000 Franc zuerkannt, unter der Bedingung, daß die Theaterleitung jedes Jahr eine Oper in drei Akten von einem jungen Gewinner des Prix de Rome zur Aufführung brachte. Bizet war der erste Nutznießer dieser Maßnahme."[1] Er stellte die dreiaktige Partitur zu *Les pêcheurs de perles* in nur vier Monaten fertig, höchstwahrscheinlich unter Verwendung von Musik aus *La Guzla de l'Emir*, und die Oper wurde am 30. September 1863 am Théâtre-Lyrique uraufgeführt.

Die Librettisten Eugène Cormon und Michel Carré entsprachen der damals in Frankreich herrschenden Vorliebe für exotische Opernstoffe (z.B. Félicien Davids *La perle du Brésil* von 1851, Halévys *Jaguarita l'Indienne* von 1855, Ymberts *Les deux cadis* von 1861, Gounods *La reine de Saba* und Davids *Lalla Roukh*, beide von 1862). Schauplatz der Handlung ist Ceylon, die Zeit nicht näher bestimmt. Im 1. Akt, der an einem wilden Strand der Insel spielt, wählen die Perlenfischer Zurga zu ihrem neuen Anführer. Sein alter Freund, der Jäger Nadir, kehrt nach langer Abwesenheit zurück, und im vorliegenden Duett erinnern sich die beiden Männer an ihre letzte gemeinsame Reise zum Brahmatempel von Kandi, wo sie sich beide in die schöne Priesterin Léïla verliebt hatten; damals hatten sie einander gelobt, niemals um ihre Hand anzuhalten, um ihre durch einen Eid besiegelte Freundschaft nicht aufs Spiel zu setzen.

Die Oper erhielt gemischte Kritiken, obwohl Berlioz sich (in seinem letzten Artikel als Kritiker) begeisterter zeigte als die meisten anderen. Eines der Probleme war Bizets Jugend, die erhebliche Empörung hervorrief, besonders bei jenen älteren Opernkomponisten, die es immer noch nicht geschafft hatten, in den „Zauberkreis" des aufgeführten Repertoires vorzustoßen. Ein weiteres Problem lag darin begründet, daß sich das Werk, herausgekommen „in einem entscheidenen Moment in der Geschichte der französischen Oper, die damals gespalten war zwischen dem Festhalten an der Tradition und der Notwendigkeit der Erneuerung"[2], der Einordnung in die akzeptierten Opernkategorien zu entziehen schien – es war zu lang, harmonisch zu komplex und, so meinten einige, zu geräuschvoll für eine *opéra-comique*, aber auch irgendwie nicht ernsthaft genug, um als Beispiel einer *grand opéra* gelten zu können. Infolgedessen wurde die Inszenierung als „außergewöhnlich, sensationell, unvermittelt, erschütternd" angesehen und rief „einen wahren Erguß kritischer Reaktionen hervor, gewissermaßen einen Schwarm von Kommentaren".[3] Die Oper wurde nach achtzehn Aufführungen abgesetzt und zu Lebzeiten Bizets nie wieder aufgenommen.

Wiederaufnahmen an französischen Provinzbühnen in den 1880er Jahren führten schließlich zu zwei Inszenierungen in Paris: 1889 am Théâtre de la Gaîté (auf Italienisch) und 1893 an der Opéra-Comique (auf Französisch). Um diese Zeit hatte der Verlag Choudens begonnen, Änderungen an Bizets Partitur vorzunehmen. Unter anderem „verlor das wunderbare Duett für Tenor und Bariton im ersten Akt zugunsten einer dramaturgisch unsinnigen Rückkehr zum attraktiveren einleitenden Andante sein abschließendes Allegro im Dreiertakt (manche Hörer mögen auf diese postume Fassung immer noch nicht verzichten)."[4] Die vorliegende Ausgabe enthält sowohl Bizets eigene Fassung des Duetts von 1863 als auch die geänderte Fassung von 1887-8, die sein Verleger Choudens nach dem Tod des Komponisten erstellt hat und die, soweit bekannt, nicht auf autographischem Material beruht. Die Entscheidung, die spätere Version vor Bizets Original abzudrucken, wurde aus rein praktischen Erwägungen des Umblätterns gefällt und stellt keine

Bevorzugung von Seiten des Herausgebers dar. Sänger, die die Originalfassung zu singen wünschen, brauchen nur die Seiten 11–15 inklusive zusammenzuheften. Auch wenn Vertrautheit und der Einfluß der erhältlichen Aufnahmen auf Tonträger sicher einige veranlassen wird, die spätere Version zu wählen, lohnt es doch, eine zeitgenössische Kritik der Originalfassung zur Kenntnis zu nehmen: „Es folgte ein Duett für Bariton und Tenor, in dem der beste Einfall der Oper enthalten ist, eine Art Gebet, fast ein Meisterwerk, das mit einhelligem Beifall bedacht wurde."[5]

Zur Aussprache

Es wurden folgende Symbole benutzt:

fleurs‿et	gebunden	[flœːrze]
vient | en	nicht gebunden	[vjɛ̃ ɑ̃]
hélas	Konsonant (s) ausgesprochen	[elɑːs]

Danksagung

Mein Dank gelten Peter Ward Jones, Musikbibliothekar der Bodleian Library in Oxford, und Lesley Wright für ihren Hilfe bei der Erstellung dieser Ausgabe.

Roger Nichols
Übersetzung: Anne Steeb/Bernd Müller

[1] Winton Dean, *Bizet* (London 1948, Nachdruck 1978), S. 47f

[2] Hervé Lacombe, *Les voies de l'opéra français au XIXe siècle* (Paris 1997), S. 10

[3] Georges Duby, in: Georges Duby u. Guy Lardreau, *Dialogues* (Paris 1980), S. 63

[4] Lesley A. Wright, Artikel über *Les pêcheurs de perles*, in: *The Viking Opera Guide* (London 1993), S. 115

[5] Gustave Betrand, „Les pêcheurs de perles", in: *Le ménestrel*, 4. Oktober 1863

DUET TEXT

In the heart of the holy temple decked with flowers and gold, a woman appears – I can still see her!

A woman appears – I can still see her!

The prostrate crowd looks at her in astonishment, and softly murmurs: 'Look, it is the goddess who rises in the darkness and stretches out her arms to us!'

Her veil is lifting!…O vision! O dream! The crowd is on its knees!

Yes, it is she, it is the goddess, more charming and more beautiful! Yes, it is she, it is the goddess who is coming down among us! Her veil is lifting and the crowd is on its knees!

But through the crowd she opens a way for herself!

Her long veil already hides her face from us!

My eyes, alas, follow her in vain!

She disappears!

She disappears! But in my heart what strange passion is suddenly aroused?

What new fire is this that consumes me?

Your hand rejects mine!

Your hand rejects mine!

NADIR
Au fond du temple saint paré de fleurs‿et d'or,
Une femme‿apparaît – je crois la voir encor !

ZURGA
Une femme‿apparaît – je crois la voir encor !

NADIR
La foule prosternée
La regarde‿étonnée,
Et murmure tout bas :
« Voyez, c'est la déesse
Qui dans l'ombre se dresse
Et vers nous tend les bras ! »

ZURGA
Son voile se soulève ;
Ô vision ! Ô rêve !
La foule est‿à genoux.

NADIR, ZURGA
Oui, c'est‿elle, c'est la déesse,
Plus charmante‿et plus belle ;
Oui, c'est‿elle, c'est la déesse
Qui descend parmi nous.
Son voile se soulève
Et la foule‿est‿à genoux.

NADIR
Mais‿à travers la foule elle s'ouvre‿un passage.

ZURGA
Son long voile déjà nous cache son visage.

NADIR
Mon regard, hélas, la cherche‿en vain.

ZURGA
Elle fuit !

NADIR
Elle fuit !
Mais dans mon‿âme soudain
Quelle‿étrange‿ardeur s'allume?

ZURGA
Quel feu nouveau me consume?

NADIR
Ta main repousse ma main.

ZURGA
Ta main repousse ma main.

In der Tiefe des heiligen Tempels, geschmückt mit Blüten und Gold, erscheint eine Frau – ich sehe sie noch vor mir!

Es erscheint eine Frau – ich sehe sie noch vor mir!

Die zu Boden gesunkene Menge betrachtet sie voll Erstaunen und raunt leise: „Seht, es ist die Göttin, die sich im Dunkel aufrichtet und nach uns die Arme ausstreckt!"

Ihr Schleier wirbelt auf; o Erscheinung! O Traumbild! Die Menge kniet nieder!

Ja, sie ist es, es ist die Göttin, bezaubernder und schöner noch; ja, sie ist es, es ist die Göttin, die zu uns herabsteigt. Ihr Schleier wirbelt auf und die Menge kniet nieder.

Doch durch die Menge bahnt sie sich den Weg.

Ihr langer Schleier verbirgt schon vor uns ihr Antlitz.

Mein Blick, ach, er folgt ihr vergebens.

Sie entschwindet!

Sie entschwindet! Doch welch seltsames Feuer entbrennt da unverhofft in meiner Seele?

Welch neues Feuer verzehrt mich?

Deine Hand weist die meine zurück.

Deine Hand weist die meine zurück.

Love masters our hearts and turns us into enemies!

No, nothing must come between us!

No, nothing!

Nothing must come between us!

No, nothing.

Let us swear to remain friends!

Let us swear to remain friends!

Let us swear to remain friends! Oh! yes, let us swear to remain friends!

[1887–8 Version]
Yes, it is she! It is the goddess who comes this day to unite us! And faithful to my promise, I shall cherish you like a brother! It is she! It is the goddess who comes this day to unite us! Yes, let us share the same fate! Let us be united until death!

[1863 Version]
Holy friendship, unite our souls in brotherhood! Let us put this fatal love away from us for ever and, hand in hand, as faithful companions until death, suffering the same fate, yes, hand in hand, as faithful companions, yes, let us be friends until death!

Since that day, faithful to my word, I have let the days and months pass far from her.

To heal myself of that mad infatuation, I fled among the wolves and birds of the forest.

Like my heart, may yours be consoled! Let us be brothers and friends as in time past! Holy friendship etc.

Translation: Roger Nichols

NADIR
De nos cœurs l'amour s'empare
Et nous change en ennemis.

ZURGA
Non, que rien ne nous sépare !

NADIR
Non, rien !

ZURGA
Que rien ne nous sépare !

NADIR
Non, rien !

ZURGA
Jurons de rester amis !

NADIR
Jurons de rester amis !

NADIR, ZURGA
Jurons de rester amis !
Oh ! oui, jurons de rester amis !

[Version de 1887–1888]
Oui, c'est elle, c'est la déesse
En ce jour qui vient nous unir.
Et fidèle à ma promesse,
Comme un frère je veux te chérir.
C'est elle, c'est la déesse
Qui vient | en ce jour nous unir.
Oui, partageons le même sort !
Soyons unis jusqu'à la mort !

[Version de 1863]
Amitié sainte, unis nos âmes fraternelles !
Chassons sans retour
Ce fatal amour,
Et la main dans la main, en compagnons fidèles
Jusques à la mort,
Ayons même sort !
Oui, la main dans la main, en compagnons
fidèles,
Oui, soyons amis, ah ! soyons amis jusqu'à
la mort !

ZURGA
Depuis ce jour, fidèle à ma parole,
J'ai laissé fuir loin d'elle et les jours et les
mois.

NADIR
Pour me guérir de cette ivresse folle,
J'ai fui parmi les loups et les oiseaux des bois.

ZURGA, NADIR
Comme le mien que ton cœur se console !
Soyons frères, soyons amis, comme autrefois !
Amitié sainte, etc.

Die Liebe bemächtigt sich unserer Herzen und verwandelt uns in Feinde.

Nein, nichts darf uns trennen!

Nein, nichts!

Nichts darf uns trennen!

Nein, nichts!

Geloben wir, Freunde zu bleiben!

Geloben wir, Freunde zu bleiben!

Geloben wir, Freunde zu bleiben! O! Ja, wir geloben, Freunde zu bleiben!

[Fassung von 1887–8]
Ja, sie ist es, es ist die Göttin, die an diesem Tage kommt, uns zu einen. Und meinem Versprechen getreu will ich dich wie einen Bruder ehren. Sie ist es, es ist die Göttin, die an diesem Tage kommt, uns zu einen. Ja, laß uns das gleiche Schicksal teilen! Laß uns einig sein bis in den Tod!

[Fassung von 1863]
Heilige Freundschaft, verbinde unsere brüderlichen Seelen! Vertreiben wir ohne Wiederkehr diese verhängnisvolle Liebe, und laß uns Hand in Hand als treue Gefährten bis in den Tod das gleiche Schicksal erleiden! Ja, Hand in Hand als treue Gefährten, ja, laß uns Freunde sein, ah!, laß uns Freunde sein bis in den Tod!

Seit jenem Tag, meinem Worte getreu, ließ ich fern von ihr Tage und Monate verstreichen.

Mich von dem törichten Rausch zu befreien, flüchtete ich zu den Wölfen und Vögeln des Waldes.

Wie das meine sei auch dein Herz getröstet! Laß uns Brüder, laß uns Feunde wie ehedem sein! Heilige Freundschaft usw.

Übersetzung: AnneSteeb/BerndMüller

Au fond du temple saint

(Les pêcheurs de perles)

Georges Bizet
(1838–1875)

Edition Peters No. 7588

3

48 Nadir

Mais à tra - vers la fou - le el - le

50 N.

s'ou - - vre un pas - sa - ge.

Zurga

Son long

52 Z.

di - - mi - - nu - - endo

voi - le dé - jà nous ca - - che son vi -

di - - mi - - nu - - endo

Récitatif

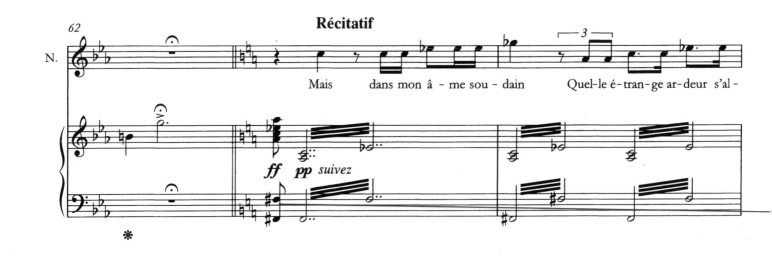

Mais dans mon â - me sou - dain Quel-le é-tran-ge ar-deur s'al-

ff pp suivez

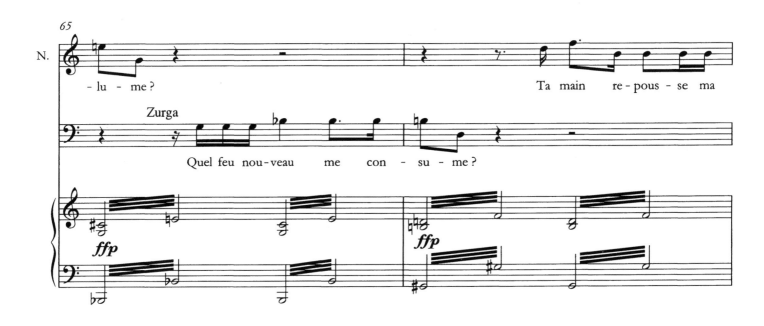

-lu - me? Ta main re-pous - se ma

Zurga

Quel feu nou-veau me con - su - me?

ffp   ffp

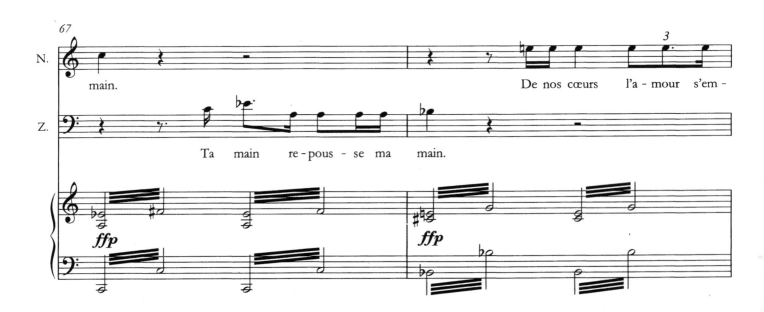

main. De nos cœurs l'a - mour s'em-

Ta main re-pous - se ma main.

ffp   ffp

For original ending of 1863 see p. 16. For revised ending of 1887–8 see p. 12.
Ursprünglicher Schluß von 1863: siehe S. 16. Veränderter Schluß von 1887–8: siehe S. 12.
Pour la fin originale de 1863, voir p. 16. Pour la fin révisée de 1887–1888, voir p. 12.

Revised ending of 1887–8. For original ending of 1863 see p. 16.
Veränderter Schluß von 1887–8. Ursprünglicher Schluß von 1863: siehe S. 16.
La fin revisée de 1887–1888. Pour la fin originale de 1863, voir p. 16.

Original ending of 1863. For revised ending see p. 12.
Ursprünglicher Schluß von 1863. Veränderter Schluß: Siehe S. 12.
La fin originale de 1863. Pour la fin révisée, voir p. 12.

J'ai lais - sé fuir loin d'el - le et les jours et les mois.

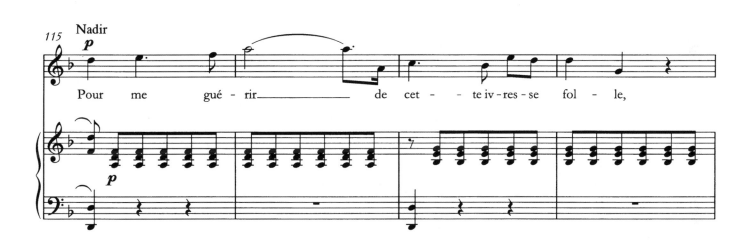

Pour me gué - rir_____ de cet - - te iv - res - se fol - le,

J'ai fui par - mi les loups et les oi - seaux des bois._____

(1) See Critical Commentary Voir Commentaire critique Vgl. Kritischer Kommentar

Music-setting by Paul Rigby
Printed by Caligraving Ltd, Norfolk, England

CRITICAL COMMENTARY

Sources:

Vocal score, first edition, Choudens, 1863, Cotage A.C. 992,
    transcribed by the composer

Vocal score, second edition, Choudens, [1887–8], Cotage A.C. 992.
    This also is marked 'transcrite par l'auteur', which cannot be
    true of the concluding bars of this duet.

Full score, Choudens, [1893], Cotage A.C. 7283

Since Bizet was a first-class pianist, there are clear objections to
meddling with his transcription, especially since it is not known
what relationship the printed full score of 1893 bears to Bizet's
1863 original, the autograph of which is lost. The altered ending
of the duet, having no known provenance, also has to stand as it is.

Bar 51. Vocal scores give pedalling as in bar 50. Changed editorially
    to match bar 49.

Bars 63–71. Dynamic indications for the voices are absent in all
    sources.

Bar 152. In the 'violon-conducteur' short score, used by the
    conductor for the première and now housed in the Bibliothèque
    de l'Opéra, there is a cut marked from the beginning of this bar
    to the beginning of bar 167. The exact details of the cut are not
    clear. Perhaps the singers sang the second syllable of 'amis' to
    the minim in bar 167. The editor is grateful to Professor Lesley
    Wright for this information and for that, from the same source,
    noted in bars 156–9 below.

Bars 156–9. There is no RH phrasing in the vocal score. This has
    been added editorially on the basis of indications in the short
    score (see note to bar 152 above).

French Operatic Arias

19th Century Repertoire
Selected and Edited by Roger Nichols
Complete with translations and guidance on pronunciation

As EVERY SINGER and lover of French opera knows, editions of even the best-known French operatic arias are difficult – and sometimes expensive – to obtain. Roger Nichols' scrupulously balanced selection of 19th-century French arias provides the perfect starting point for wider exploration. Nichols, who has championed French music in his writings, talks and radio broadcasts over three decades with eloquence and scholarship, is the ideal guide to this repertoire which, even today, is often neglected, misunderstood or inadequately performed.

Sir John Eliot Gardiner

French Operatic Arias for Tenor   EP 7554
contains:

French Operatic Arias
for Tenor

Auber	Agnès la jouvencelle	Fra Diavolo
Berlioz	Ah ! je vais l'aimer	Béatrice et Bénédict
Berlioz	La gloire était ma seule idole	Benvenuto Cellini
Berlioz	Inutiles regrets	Les Troyens
Bizet	La fleur que tu m'avais jetée	Carmen
Bizet	À la voix d'un amant fidèle	La jolie fille de Perth
Bizet	Je crois entendre encore	Les pêcheurs de perles
Boieldieu	Viens, gentille dame	La dame blanche
Delibes	Fantaisie, aux divins mensonges	Lakmé
Donizetti	Ange si pur	La favorite
Gounod	Salut ! demeure chaste et pure	Faust
Gounod	Anges du paradis	Mireille
Gounod	Ah ! lève-toi, soleil	Roméo et Juliette
Halévy	Rachel ! quand du Seigneur	La Juive
Lalo	Vainement, ma bien aimée	Le roi d'Ys
Massenet	Ah ! fuyez, douce image !	Manon
Massenet	En fermant les yeux	Manon
Massenet	Ô nature, pleine de grâce	Werther
Massenet	Pourquoi me réveiller ?	Werther
Meyerbeer	Ô paradis sorti de l'onde	L'Africaine
Reyer	Esprits, gardiens	Sigurd
Rossini	Asile héréditaire	Guillaume Tell
Thomas	Elle ne croyait pas	Mignon
Verdi	Je l'ai vue	Don Carlos

French Operatic Arias
for Baritone

French Operatic Arias for Baritone   EP 7555
contains:

Berlioz	Une puce gentille	La damnation de Faust
Berlioz	Devant la maison	La damnation de Faust
Bizet	Votre toast, je peux vous le rendre	Carmen
Bizet	Elle sortait de sa demeure	La jolie fille de Perth
Bizet	Ô Nadir	Les pêcheurs de perles
Chabrier	Le Polonais est triste et grave	Le roi malgré lui
Delibes	Il est jeune	Jean de Nivelle
Gounod	Avant de quitter ces lieux	Faust
Gounod	Qu'ils sont doux	Le médecin malgré lui
Gounod	Ô Xaïma	Le tribut de Zamora
Gounod	Si les filles d'Arles	Mireille
Gounod	Mab, la reine des mensonges	Roméo et Juliette
Massenet	Vision fugitive	Hérodiade
Massenet	Promesse de mon avenir	Le roi de Lahore
Massenet	Épouse quelque brave fille	Manon
Meyerbeer	Fille des rois	L'Africaine
Offenbach	Tourne, tourne, miroir	Les contes d'Hoffmann
Rossini	Sois immobile	Guillaume Tell
Saint-Saëns	Qui donc commande	Henry VIII
Thomas	Comme une pâle fleur	Hamlet
Verdi	C'est mon jour suprême	Don Carlos
Verdi	Au sein de la puissance	Les vêpres siciliennes